Uwe Böschemeyer · Die große Liebe leben

Uwe Böschemeyer

Die große Liebe leben

skv edition

Bildnachweis:
Umschlagfoto: R. Schäfer
Innenbilder: S. 9, 23,: L. Hartmann; S. 11, 25, 29, 33, 37, 41, 43: K. Radtke; S. 13, 19, 35: R. Haak; S. 15: F. Jenne; S. 17: H. Mülnikel: S. 21: R. Geitz; S. 27: W. Söllner; S. 31: P. Santor; S. 39: H. Herfort; S. 45: P. Jacobs; S. 47: T. Gese

Die Deutsche Bibliothek CIP-Einheitsaufnahme

Die große Liebe leben / Uwe Böschemeyer. – Lahr : SKV-Ed., 1994
(SKV-Bild-Text-Band ; 92642)
ISBN 3-87729-580-0
NE: GT

ISBN 3-87729-580-0
SKV-Bild-Text-Band 92 642

Gesamtherstellung: St.-Johannis-Druckerei, 77922 Lahr
Printed in Germany 3511/1994

Liebe Leserin, lieber Leser,

ein kleines Buch hat den Vorzug, daß der Autor sich auf das Wesentliche zu beschränken hat, zumal dann, wenn das Thema so weit und so tief ist wie das unsrige. Deshalb will ich nicht lange von der großen Liebe schwärmen. Ich möchte vielmehr beschreiben, was sie ist und wie sie sich entwickelt.
Vor allem jedoch liegt mir daran, zu zeigen, wie sie sich bewahren läßt. Und das scheint mir wichtig zu sein in einer Zeit, in der wir

durch viele unfreundliche Außeneinflüsse in der Wahrnehmung und Bewahrung unserer besten Gefühle behindert werden.

Um es gleich vorwegzusagen: Die große Liebe ist keineswegs nur ein Geschenk des Lebens an einige wenige. Sie ist die Möglichkeit all derer, die einen anderen sehr mögen und zu begreifen begonnen haben, daß menschliches Leben sich weiterentwickeln läßt (was allerdings nicht ohne Arbeit an sich selber gelingt).

Wahrscheinlich sehnen sich Menschen nach nichts mehr als nach der großen Liebe, und vielleicht ist dieser Wunsch sogar der menschlichste. Die jedenfalls, die sie leben, wissen, daß die große Liebe nicht nur das Herz erwärmt, sondern auch das ganze Leben verändert.

Daß dieses kleine Buch Ihr Herz berührt, wünscht Ihnen

Ihr Uwe Böschemeyer

Wahrscheinlich sind Herzen nie wärmer als dann, wenn einer zum andern sagt: »Du bist meine große Liebe.«
Wahrscheinlich sind Gesichter nie schöner als dann, wenn einer dieses Wort sagt und der andere es hört.
Wahrscheinlich fließt aus keinem Wort mehr Leben als von dem der großen Liebe.

Wahrscheinlich sehnen Menschen sich nach nichts mehr als nach ihr. Und wahrscheinlich beunruhigt kaum eine Sehnsucht die Herzen mehr als diese.

Von ihrer großen Liebe sprechen Menschen in den frühen Jahren ihres gemeinsamen Lebens häufiger, so häufig jedoch nicht mehr in der späteren Zeit. Ob das so sein muß?

In der frühen Zeit sucht der eine für den anderen schönste Worte, später eher selten. Und oft genug verblassen sogar die eigenen Erinnerungen an die einst zauberhaft-verwegene Posie.
Ist so der Liebe Lauf?

Wenn zwei sich kennenlernen und von der großen Liebe sprechen, dann kann es sein, daß beide schon früh das Wesen des anderen entdecken konnten.
Häufig jedoch sind es vor allem wunderschöne Vorstellungen der eigenen Seele, die der eine auf den anderen rasch überträgt, Bilder, aus Wünschen geboren, von der Sehnsucht gespeist, die das andere, noch fremde Wesen verdecken.
Ob die Gefühle der ersten Zeiten die wirklich große Liebe sind, wird sich deshalb in aller Regel erst dann zeigen, wenn der Flugsand der Zeit nichts ändern kann an dem großen, starken Gefühl.

Was ist denn die große Liebe?
Sie ist gewiß mehr als Bewunderung für Schönheit, Intelligenz oder Stärke des anderen, mehr als Leidenschaft für ihn oder sie, mehr auch als der Glaube, daß beide unvergleichbar gut zusammenpassen. Denn die große Liebe ist mehr als ein großes Gefühl.

Die große Liebe kann dies alles auch sein, doch reicht sie über all diese attraktiven Mitbringsel des geliebten Menschen weit hinaus.

Die große Liebe lebt nicht nur von dem, was der eine am anderen »toll« findet und ihn begeistert. Sie lebt auch nicht nur von dem, was der eine vom anderen »hat«.
Sie liebt vor allem das Wesen des geliebten Menschen, das, was er ist und das, was er sein könnte.
Die große Liebe ist eine große Seherin.
Sie erkennt in ihr oder ihm viel mehr als das, was andere sehen – doch nicht nur das, was so bezaubernd wirkt, auch das, was dunkel ist, sehr dunkel.
Und trotzdem liebt sie, auch deshalb liebt sie. Sie liebt, weil der andere Mensch so ist, wie er nun einmal und wie er einmalig ist.

Kein Mensch bleibt so, wie er ist. Das ist das Besondere am Menschen. Und wenn er sich nicht verändert, dann ist er in seiner Entwicklung stehengeblieben.
Deshalb wird der, der einen anderen liebt, froh darüber sein, wenn sich sein Partner so verändert, daß er mehr und mehr er selber wird.
Die Zeiten der Veränderung sind allerdings fast immer schwierige Zeiten, für den, der sich weiterentwickelt, und auch für den anderen, der noch nicht weiß, wie sich die Veränderung des geliebten Menschen auf das gemeinsame Leben auswirken wird.
Doch das muß wohl so sein.

Vielleicht ist gerade dies das besondere Merkmal der großen Liebe: daß der eine den anderen wachsen läßt.
Wahrscheinlich drückt sich die große Liebe darin am deutlichsten aus, daß der eine dem anderen bei der Erweiterung seiner Persönlichkeit behilflich ist und sie nicht nur zuläßt.
Sicher jedoch besteht die größte Liebe vor allem darin, daß der eine den anderen dazu herausfordert, ein ganzer Mensch zu werden.

Und bestimmt ist die Förderung des inneren Wachstums des anderen die größte Gewähr dafür, daß die gemeinsame große Liebe nicht verlorengeht.

Selbst dann, wenn zwei Menschen sich sehr lieben, werden sie einander nie ganz verstehen, denn die Seele ist weit wie das Meer.
Keiner wird mit der Suche danach, wer denn der andere sei, jemals fertig. Doch gerade diese letzte Ungewißheit, diese Rätselhaftigkeit des geliebten und noch immer fremden Menschen »bindet« auch, wie Arno Plack gesagt hat, »das liebende Interesse«.

Es ist eine Illusion, zu meinen, die große Liebe sei immer fühlbar. Es gibt Zeiten, in denen sie verdeckt ist: von Schwierigkeiten, die von außen kommen, von Schwierigkeiten, die bei dem einen oder anderen von innen kommen, von Schwierigkeiten auch, die in der Beziehung selber liegen. Denn auch die große Liebe wird in dieser Welt gelebt, und also ist sie unvollkommen wie alles andere auch. Dann aber kann es wichtig sein, sich an das zu erinnern, was war. Denn das Verinnerlichte ist der Schatz, von dem die Liebe lebt, wenn ihre Gegenspieler die Sinne zu verwirren beginnen.

Viele, die die große Liebe gefunden haben, finden im Leben nichts wichtiger als sie. Das ist verständlich, und trotzdem liegt gerade darin auch eine Gefährdung. Wir kommen allein zur Welt. Wir verlassen allein die Welt. Und darum ist es wichtig, auch allein in der Welt leben zu können. Wenn die große Liebe die einzige Hauptsache im Leben eines Menschen wäre, dann lebte er für sich selbst und seine weitere Umgebung nicht die Möglichkeiten aus, die in ihm liegen. Er wäre auch auf Dauer für seinen Partner nicht der anziehende und verläßliche Gegenpol, der er sein könnte. Jede große Liebe bleibt nur groß, wenn jeder auch für sich allein bestehen kann.

Andere, die die große Liebe leben, haben oft den Wunsch, nicht für sich allein zu bleiben. Denn ihre Liebe ist ein Gefühl, das sich ausbreiten will und viele andere Kräfte freisetzt.
Und wenn das geschieht, dann zeigt sich, daß dort, wo der Liebesfluß über die Ufer tritt, auch anderes Leben wieder fruchtbar werden kann.

Es gibt auch kleine Hilfen für die große Liebe:

Viel Zeit miteinander verbringen, weil sich nur dann die Liebe entfalten kann. Denn die Zeit ist die Form, durch die der Inhalt Leben fließt.

Viel miteinander sprechen, weil nur dann sich der eine und der andere angesprochen fühlen.
Wer miteinander spricht, spricht sich auch aus. Und wer sich aus-spricht, hält sich nicht mehr zurück.

Einander oft in die Augen sehen, weil die Augen die Brücke sind zwischen der einen und der anderen Seele.
Wenn Menschen, die sich verstehen wollen, einander ansehen, öffnen sich die inneren Augen und erkennen die innere Landschaft des anderen, die bis dahin vielleicht verhangen war.

Sich viel berühren, weil nur dann sich Herz und Seele berührt fühlen. Und jede liebevolle Berührung ist ein kleines Fest.

Und hin und wieder fragen, ob dem anderen etwas fehlt, was er von sich aus nicht erbitten mag.

Es gibt für das Zusammenleben von Menschen ein Zauberwort. Es heißt Klarheit. Klar ist und verhält sich ein Mensch, der – so weit wie möglich – sagt, was er meint, und tut, was er sagt.
Wer klar ist und sich so verhält, drückt sich selbst aus, ist erkennbar. Er macht es dem anderen leicht, sich auf ihn einzustellen. Er vermeidet viele Mißverständnisse. Er mutet sich dem anderen zu und ermutigt ihn dazu, auch seinerseits klar zu sein.
Wer nun sollte sich auf diese Zauberformel für mitmenschliches Leben leichter einlassen können als jene, die die große Liebe leben?

Gibt es die große Liebe auch im Alter?
Ob sie auch bleiben kann, wenn die Haut
zu welken und die Bewegungen an Grazie
zu verlieren beginnen?
Ob sie sich noch zeigt, wenn die drang-
vollen Kräfte des Leibes sich öfter als früher
zurückziehen?

Ach, hinge die Liebe nur davon ab, dann
wäre sie nie groß gewesen, dann hätte sie
nur die Oberfläche des anderen geliebt.
Vor allem aber: Das Wesen eines Menschen,
seine unverwechselbare Menschlichkeit,
seine Seele, sein Geist altern ja nicht.

Alt gewordene Liebespaare erkennt man rasch. Man erkennt sie daran, daß sie im Umgang miteinander noch immer aufmerksam sind. Sie werfen sich vertraute Blicke zu, oft ohne erkennbaren Grund. Noch immer finden sich ihre Hände. Und manchmal scheint es, als zöge sich ein warmer, leuchtender Kreis um beide herum, auch wenn sie sich äußerlich nicht nahe sind.
Gewiß, ihre Liebe ist leiser geworden, ihr Feuer lodert nicht mehr himmelwärts. Und doch spürt man die Dichte ihrer Gefühle, weniger an der Oberfläche, dafür mehr in der Tiefe. In der Tiefe.

Vielleicht ist der letzte große Prüfstein einer langen großen Liebe der Tod des geliebten Menschen.
Trotz aller anfänglichen Erschütterung und Trauer wird der, der zurückbleibt, letztlich nicht verzweifeln, wenn er wieder zu fühlen beginnt, wie reich sein Leben durch die Liebe mit dem Partner war.
Und bliebe die Verzweiflung, dann wäre die Liebe nicht reif geworden, weil eine ihrer kostbarsten Früchte die Eigenständigkeit der Liebenden ist.

Kann aus einer kleinen Liebe auch eine große werden?
Manche meinen, die große Liebe entstehe nur dann, wenn zwei Menschen zusammenpaßten wie zwei Hälften einer Kugel, wenn sie sich also körperlich, seelisch und geistig »blind« verständen. Zweifellos ist eine solche Voraussetzung – wenn es sie denn wirklich gibt – eine hervorragende Hilfe, eine begonnene tiefe Liebesbeziehung auch ausleben zu können. Und doch wird auch sie nur dann von Dauer sein, wenn sie gehegt und gepflegt wird. Wird jedoch auch die kleine Liebe sorgsam gepflegt, so kann auch sie zu einer großen heranreifen. Und das hat seinen Grund.

Weit wie das Meer ist die Seele, und in diesem Meer liegen viele ungelebte Möglichkeiten. Das gilt für fast alle Menschen.
Für fast alle Menschen gilt jedoch auch, daß sie die Möglichkeit haben, weit mehr als bisher das zum Vorschein kommen zu lassen, was sie für ein erfülltes Leben brauchen.
Wer meint, sich nur mit der kleinen Liebe begnügen zu müssen, sollte sich deshalb fragen, was in seinem Leben seine eigene Kraft zu lieben behindert. Vielleicht würde er im Laufe der Zeit darüber staunen, welche Wärme er für den anderen fühlen könnte.

Die Große Liebe ist in der inneren Welt, die jeder in sich trägt, eine besonders beliebte Person.
Einst fragte die Traurigkeit sie nach ihrem Geheimnis. Die Große Liebe wurde sehr nachdenklich, denn es lag ihr daran, ihrer traurigen Mitbewohnerin eine helfende Antwort zu geben. »Mein Geheimnis«, begann die Große Liebe schließlich, »liegt vielleicht darin, daß ich in dem, den ich liebe, vor allem die Perlen suche.« »Die Perlen?« fragte die Traurigkeit ungläubig zurück. »Die Perlen«, wiederholte die Große Liebe ruhig, »denn wenn der andere die Perlen sieht, die ich für ihn gefunden habe, beginnt auch er, an seinen inneren Glanz zu glauben.«